Impressum
Verlag: BABADADA GmbH, Nedderfeld 112 , 22529 Hamburg
Geschäftsführer / Verlagsleitung: Harald Hof
Druck: Books on Demand GmbH, In de Tarpen 42, 22848 Norderstedt

Imprint
Publisher: BABADADA GmbH, Nedderfeld 112 , 22529 Hamburg, Germany
Managing Director / Publishing direction: Harald Hof
Print: Books on Demand GmbH, In de Tarpen 42, 22848 Norderstedt, Germany

AF201435

ትምህርት ቤት

baba

መማሪያ ክፍል
ba
ማካፈል
dadadada
186/2
ሰሌዳ
babadada
የትምህርት ቤት ቅጥር ግቢ
bababa
መምህር
dada
ወረቀት
dadadada
መፃፍ
dadaba
እስክሪብቶ
dadaba
መፃፊያ ጠረጴዛ
ba
ማስመሪያ
baba
dadaba
ተማሪ
bababa

የጀርባ ቦርሳ

dadaba

የእርሳስ መያዣ

dada

እርሳስ

bababa

የእርሳስ መቅረጫ

dadaba

ላጲስ

baba

የስዕል ደብተር

ba

2 ትምህርት ቤት - baba

ዕል

bababa

የቀለም ብሩሽ

ba

የቀለም ሳጥን

dada

መቀ

babadada

ማጣበቂያ

dadaba

መልመጃ ደብተር

dadadada

የቤት ራ

babadada

ቁጥር

bababa

መደመር

dadaba

መቀነ

bababa

ማባዛት

badada

ቁጥሮችን ማ ላት

dadababa

ደብዳቤ

babababa

ፊደላት

babababa

ቃል

dada

ፅሑፍ
......
babadada

ማንበብ
......
dadadada

ጠመኔ
......
dada

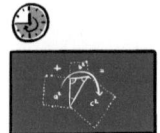

ትምህርት
......
babababa

ምዝገባ
......
ba

ፈተና
......
baba

ሰርተፊኬት
......
babababa

የትምህርት ቤት የደንብ ልብስ
......
babadada

ትምህርት
......
babababa

አዉደ ጥበብ
......
dadababa

ዩኒቨርስቲ
......
babababa

የምርምር አጉሊ መሳርያ
......
dadababa

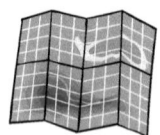

ካርታ
......
bababa

የቆሻሻ ወረቀት መጣያ ቅርጫት
......
babadada

ሆቴል
babadada
ማረፊያ ቤት
dadaba
የዉጭ ገንዘብ ምንዛሪ ቢሮ
dadadada
ልብስ መያዣ ሻንጣ
dada
መኪና
ado

ቋንቋ

dadadada

አዎ/ አይደለም

da / meh

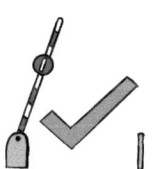

እሺ

Oh

ሰላም

ba

አስተርጓሚ

dada

አመሰግናለሁ

dada

ስንት ነዉ.......?

....

babababa

አልገባኝም

....

ah

እክል

....

dadaba

እንደምን አመሹ!

....

ba dada

እንደምን አደሩ!

....

babadada

መልካም ምሽት!

....

heia!

ደህና ይሰንብቱ

....

dadaba

አቅጣጫ

....

badada

ሻንጣ

....

dada

ቦርሳ

....

babababa

የጀርባ ቦርሳ

....

babababa

እንግዳ

....

baba

ክፍል

....

dadadada

የመተኛ ቦርሳ

....

dadadada

ድንኳን

....

dada

የጎብኚዎች መረጃ

....

dadadada

የባህር ዳርቻ

....

badada

ክሬዲት ካርድ

....

babadada

ቁርስ

....

dadababa

ምሳ

....

baba

እራት

....

bababa

ቲኬት

....

dada

አሳንሰር

....

dada

ማህተም

....

babadada

ድንበር

....

badada

ባህሎች

....

dadaba

ኤምባሲ

....

babadada

ቪዛ/የይለፍ ወረቀት

....

dadaba

ፓስፖርት

....

dada da da da

dadadada

አዉሮፕላን
baba
መርከብ
dada
የእሳት አደጋ መኪና
baba
babababa
bababa
የሞተር ጀልባ
dada
ብስክሌት
dadadada
መኪና
ado

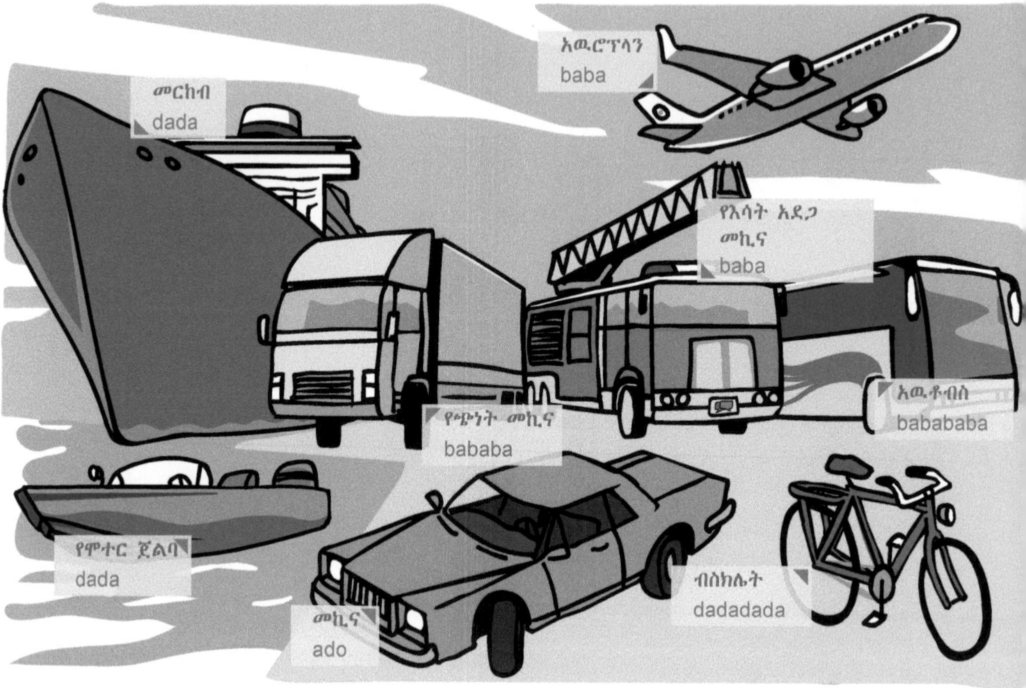

የማመላለሻ ጀልባ
....
babadada

ጀልባ
....
baba

የሞተር ብስክሌት
....
bababa

የፖሊስ መኪና
....
ado

የዉድድር መኪና
....
ado

የኪራይ መኪና
....
auto

የመኪና መጋራት

....

dada

ጎታች መኪና

....

ado

የቆሻሻ ጭነት መኪና

....

ado

ሞተር

....

brumbrum!

ነዳጅ

....

bababa

የቤንዚን ማደያ

....

dada

የመንገድ ምልክት

....

dadaba

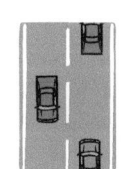

የመኪኖች እንቅስቃሴ

....

badada

የመኪና መጨናነቅ

....

ado ado

የመኪና ማቆሚያ

....

babadada

የባቡር ጣቢያ

....

babababa

የባቡር ሀዲዶች

....

dada

ባቡር

....

dadaba

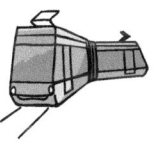

የኤሌክትሪክ ባቡር

....

baba

ሰረገላ

....

dadaba

ሄሊኮፕተር

baba

አየር ማረፊያ

baba

ማማ

dadaba

መንገደኛ

baba

ማስቀመጫ፤ ማጠራቀሚያ

badada

ካርቶን እቃ ማሸጊያ

dada

ጋሪ፤ ተሳቢ

baba

ቅርጫት

dadadada

መነሳት/ ማረፍ

da / bada

ከተማ
dadaba

መንደር

bababa

የከተማ ማዕከል

dadababa

ቤት

dadaba

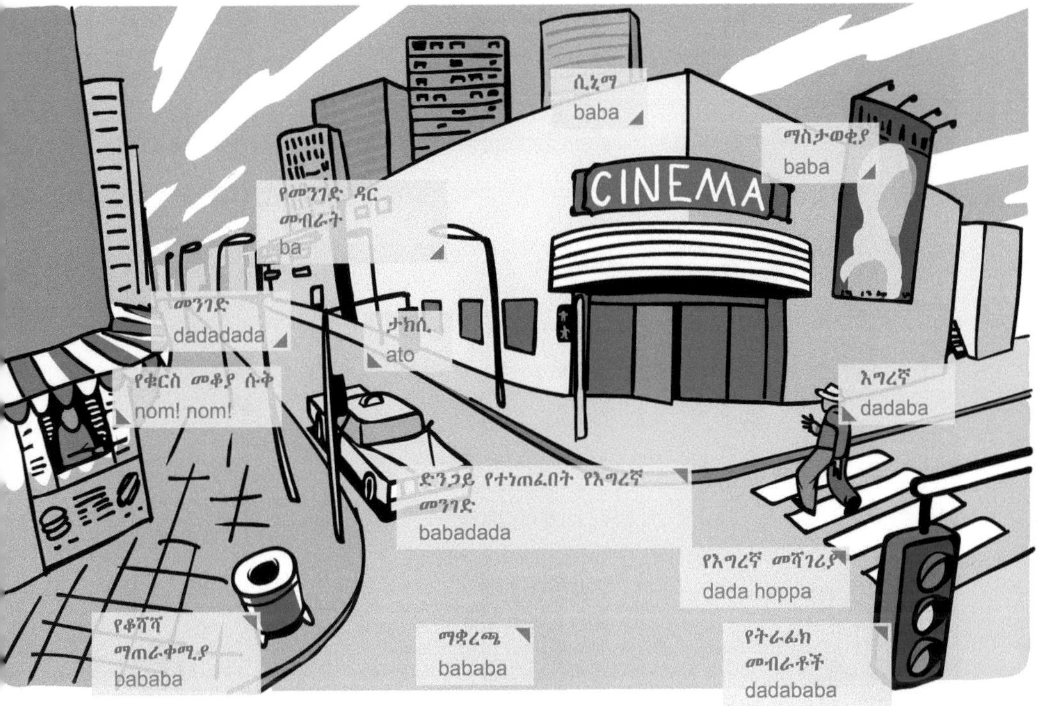

ሲኒማ
baba
CINEMA
ማስታወቂያ
baba
የመንገድ ዳር መብራት
ba
መንገድ
dadadada
ታክሲ
ato
የቁርስ መቆያ ሱቅ
nom! nom!
እግረኛ
dadaba
ድንጋይ የተነጠፈበት የእግረኛ መንገድ
babadada
የእግረኛ መሻገሪያ
dada hoppa
የቆሻሻ ማጠራቀሚያ
bababa
ማቋረጫ
bababa
የትራፊክ መብራቶች
dadababa

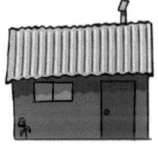

ጎጆ

babadada

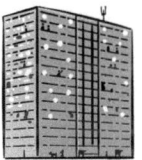

አፓርታማ

dadadada

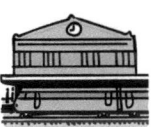

የባቡር ጣቢያ

babababa

የከተማ አዳራሽ

dadaba

MUSEUM

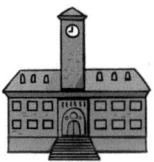

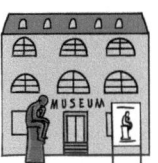

ቤተ መዘክር

bababa

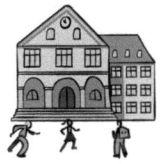

ትምህርት ቤት

baba

ዩኒቨርስቲ
....
babababa

ባንክ
....
dadadada

ሆስፒታል
....
aua!

ሆቴል
....
babadada

መድሐኒት ቤት
....
aua!

ቢሮ
....
baba

መፅሐፍ መሸጫ
....
bababa

ሱቅ
....
ba

የአበባ መሸጫ
....
dadaba

የሸቀጣ ሸቀጥ መደብር
....
dada nom nom

ገበያ ስፍራ
....
dadadada

መደብር
....
dadadada

የዓሳ ነጋዴ
....
nom! nom!

የገበያ ማዕከል
....
baba

ወደብ
....
ba

መናፈሻ ቦታ

dadadada

አግዳሚ ወንበር

baba

ድልድይ

babababa

ደረጃዎች

dadadada

ዉስጥ ለዉስጥ

bababa

ዋሻ

baba

የአዉቶቡስ ፌርማታ

ba

ባር

babababa

ምግብ ቤት

nom nom!

የፖስታ ሳጥን

dadaba

የመንገድ ምልክት

dada

የመኪና ማቆሚያ ሒሳብ የሚያሰላ ማሽን

baba

የደር እንስሳት ማቆያ

bababa

የመዋኛ ገንዳ

dada

መስጊድ

baba

እርሻ

dadaba

የሚበክል ነገር

dadababa

መቃብር ስፍራ

bababa

ቤተ ክርስቲያን

ba

መጫወቻ ሜዳ

dadababa

ቤተ መቅደስ

bababa

መልከዓምድር

dada

ቅጠል
baba
የመንገድ ላይ ምልክት
baba
መንገድ
dada
አረንጓዴ መስክ
bababa
ድንጋይ
baba
ዛፍ
dadababa
በእግሩ የሚጓዝ
dada
ወንዝ
bababa
ሳር
dada
አበባ
mama!

ሸለቆ

badada

ኮረብታ

bababa

ሀይቅ

dadadada

ጫካ

dadadada

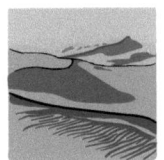

በረሃ

dadababa

እሳተ ገሞራ

dadaba

ግምብ

babababa

ቀስተ ዳመና

dadaba

እንጉዳይ

bababa

የቴምብር ዛፍ/ ዘንባባ

dadababa

ቢንቢ/ የወባ ትንኝ

aua!

በራሪ

badada

ጉንዳን

dadababa

ንብ

summ summ

ሸረሪት

dada

ጢንዚዛ

dadaba

እንቁራሪት

quak

ሽኮኮ

dadababa

ጃርት

dadaba

ጥንቸል

baba

ጉጉት ወፍ

gackgack

ወፍ

gackgack

የዉሃ ዳክዬ

gackgack

ከርከሮ

babadada

አጋዘን

dadadada

አጋዘን

dadadada

ግድብ

dadadada

በነፋስ የሚሽከረከር

ba

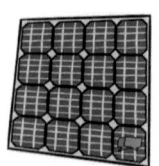

የፀሀይ ፓኔሎ

dadadada

አየር ንብረት

bababa

ምግብ ቤት

nom nom!

አስተናጋጅ
dadadada
ማዉጫ
baba
ወንበር
dadaba
ሾርባ
nom! nom!
nom nom!
የጠረጴዛ ጨርቅ
babababa
መክተፊያ
ba

የምግብ ፍላጎትን የሚከፍት ምግብ

nom! nom!

ዋና ምግብ

nom! nom!

ማጣጣሚያ ተከታይ ምግብ

nom nom!

መጠጦች

dadababa

ምግብ

nom nom!

ጠርሙስ

nom nom!

ፈጣን ምግብ

nom! nom!

የመንገድ ምግብ

nom! nom!

የሻይ ማንቆርቆሪያ

babababa

የስኳር እቃ

nom! nom!

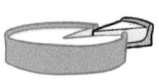

ድርሻ

nom nom!

የቡና ማፊያ ማሽን

dadaba

ባለጌ ወንበር

bababa

የክፍያ ደረሰኝ

ba

ትሪ

bababa

ቢላዋ

ba

ሹካ

babadada

ማንኪያ

dadaba

የሻይ ማንኪያ

bababa

ልብስ ምግብ እንዳይነካ የሚረዳ ጨርቅ

dadaba

ብርጭቆ

ba

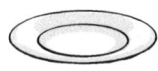

ዝርግ ሰሀን

nom nom!

የሾርባ ጎድጓዳ ሰሀን

bababa

የስኒ ማስቀመጫ

bababa

ማጣፈጫ ስጎ

nom! nom!

የጨዉ እቃ

dadadada

የተፈጨ ቃሪያ

dadaba

ኮምጣጤ

bähbäh

የምግብ ዘይት

dadababa

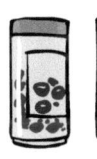

ቀመማ ቅመሞች

dadababa

የቲማቲም ድልህ

nom! nom!

ሰናፍጭ

nom! nom!

ማዮኒዝ

nom nom!

የሸቀጣ ሸቀጥ መደብር

dada nom nom

ልዩ አቅራቦት
dadababa
FOR
ደምበኛ
dadaba
የወተት ተዋፅዖ
dadaba
ፍራፍሬ
nom nom!
ባለ ጎማ የእጅ ጋሪ
baba

ሉካንዳ ነጋዴ

dadaba

መጋገርያ

nom! nom!

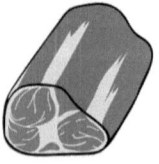

ክብደት መመዘን

bababa

ቅጠላ ቅጠል አትክልት

bähbäh

ስጋ

nom nom!

የቀዘቀዘ/የረጋ ምግብ

nomnom

ቀዝቃዛ ቁራጭ

....

nom nom!

የታሸገ ምግብ

....

nomnom

የማጠቢያ ዱቄት

....

bababa

ጣፋጮች

....

baba

የቤት ዉስጥ ዉጤቶች

....

dadaba

የፅዳት ምርቶች

....

dadababa

የሽያጭ ባለሙያ

....

bababa

የገንዘብ መመዝቢያ ማሽን

....

bababa

የሒሳብ ሰራተኛ

....

dadaba

የግዢ ዝርዝር

....

dada

ክፍት ሰዓታት

....

dadababa

የኪስ ቦርሳ

....

baba

ክሬዲት ካርድ

....

babadada

ቦርሳ

....

dadababa

የፕላስቲክ ቦርሳ

....

dadababa

መጠጦች

dadababa

ዉሃ

wasa

ማቂ

dadadada

ወተት

badada

ኮካ-ኮላ

ba

ወይን

bababa

ቢራ

dadadada

አልኮል

dadaba

ኮካ

bababa

ሻይ

dadababa

ቡና

dada

የተፈላ ቡና

dadaba

ካፕቺኖ

dadababa

nom nom!

ሙዝ

nane

ፖም

nom nom!

ብርቱካን

bababa

ሀብሀብ

nom nom!

ሎሚ

nom nom!

ካሮት

bähbäh

ነጭ ሽንኩርት

bada meh

ሸምበቆ

dadaba

ቀይ ሽንኩርት

dadaba

እንጉዳይ

nom nom!

ለዉዝ

nom nom!

የህፃናት ምግብ

nom nom!

ፓስታ

nom nom!

ሩዝ

nom nom!

ሰላጣ

nom nom!

የድንች ጥብስ

nom nom!

ድንች ጥብስ

nom nom!

ፒዛ

nom nom!

ዳቦ ዉስጥ በስሱ ተጠብሶ የገባ ስጋ

nom nom!

ሳንድዊች

nom nom!

ጥሬ ስጋ

nom nom!

የአሳማ ስጋ

nom nom!

በቅመምና በጨዉ የታሸ ምግብ ቀዝቅዞ የሚበላ ሾርባ ምግብ

nom nom!

ቋሊማ

nom nom!

ዶሮ

gack gack

ጥብስ

nom nom!

አሳ

nom nom!

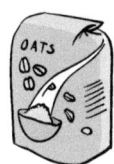

የአጃ ገንፎ

....

nom nom!

ከወተት ጋር ተደባልቀዉ የሚበሉ ምግቦች

....

bähbäh

የበቆሎ ቅርፊት

....

nom nom!

ዱቄት

....

nom nom!

ኩራሳ

....

nom nom!

ድብልብል ዳቦ

....

babadada

ዳቦ

....

nom! nom!

መጥበስ

....

nom nom!

ብስኩት

....

nom nom!

ቅቤ

....

nom nom!

እርጎ

....

nom nom!

ኬክ

....

nom nom

እንቁላል

....

dadaba

እንቁላል ጥብስ

....

nom nom!

አይብ

....

bada muh

የበረዶ ክሬም

nom nom!

ስኳር

nom nom!

ማር

baba summ

ማርማላት

nom nom!

የተናጠ የወተት ክሬም

nom nom!

ማጣፈጫ

babadada

dadaba

የገበሬ ቤት
ba
የእህልና የከብት ማቀመጫ ቤት
dadaba
የጭድ ክምር
dada
ሜዳ
bababa
ፈረስ
hoppa
ተሳቢ መኪና
dada
የእርሻ መኪና
bababa
የፈረስ ዉርንጭላ
dadaba
አህያ
iaa
በግ
mää
የበግ ጠቦት
bebi mää

ፍየል

baba

ላም

muh

ጥጃ

mimuh

አሳማ

mama oink

ግልገል አሳማ

oink

ኮርማ

dadadada

እርሻ - dadaba 27

ዝይ

....

gackgack

ዳክዬ

....

gackquack

የዶሮ ጫጩት

....

gacki

ዶሮ

....

gackgack

አዉራ ዶሮ

....

gacko

አይጥ

....

dada

ደድመት

....

mau

አይጥ

....

bababa

በሬ

....

muh

ዉሻ

....

wauwau

የዉሻ ቤት

....

wauwau

የአትክልት ቦታ

....

baba

ዉሃ ማጠጫ ባልዲ

....

dadababa

ረጅም ማጭድ

....

baba

ማረሻ

....

dadababa

ማጭድ

....

baba

መኮትኮቻ

....

dadadada

የእህል መንሽ

....

dada

መጥረቢያ

....

bababa

ኩርኩር/ የእጅ ጋሪ

....

babababa

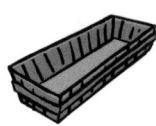

ገንዳ

....

baba

የወተት ዕቃ

....

dada muh

ጆንያ ከረጢት

....

dadababa

አጥር

....

badada

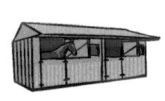

የፈረስ ጋጣ

....

dadadada

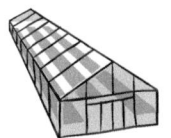

ዕፅዋት ማሳደጊያ የመስታዉት ቤት

....

ba

አፈር

....

babadada

ዘር

....

baba

የመሬት ማዳበሪያ

....

baba

ጥምር ማረሻ

....

dadababa

አዝመራ መሰብሰብ

bababa

አዝመራ

dadadada

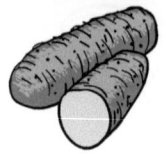

ድንች

dadaba

ስንዴ

dadababa

ሶያ

dadababa

ድንች

bababa

በቆሎ

badada

የከብት መኖ

bababa

የፍሬ ዛፍ

bababa

የካሳቫ ዛፍ

dadadada

እህል

dadababa

ቤት

dadaba

የጪስ ማውጫ
ba
ጣራ
babadada
አሸንዳ
dadaba
መስኮት
baba
ጋራዥ
dada
የበር ደወል
dingdong
በር
bababa
የቆሻሻ ማጠራቀሚያ
babadada
ፖስታ ሳጥን
ba
የአትክልት ቦታ
badada

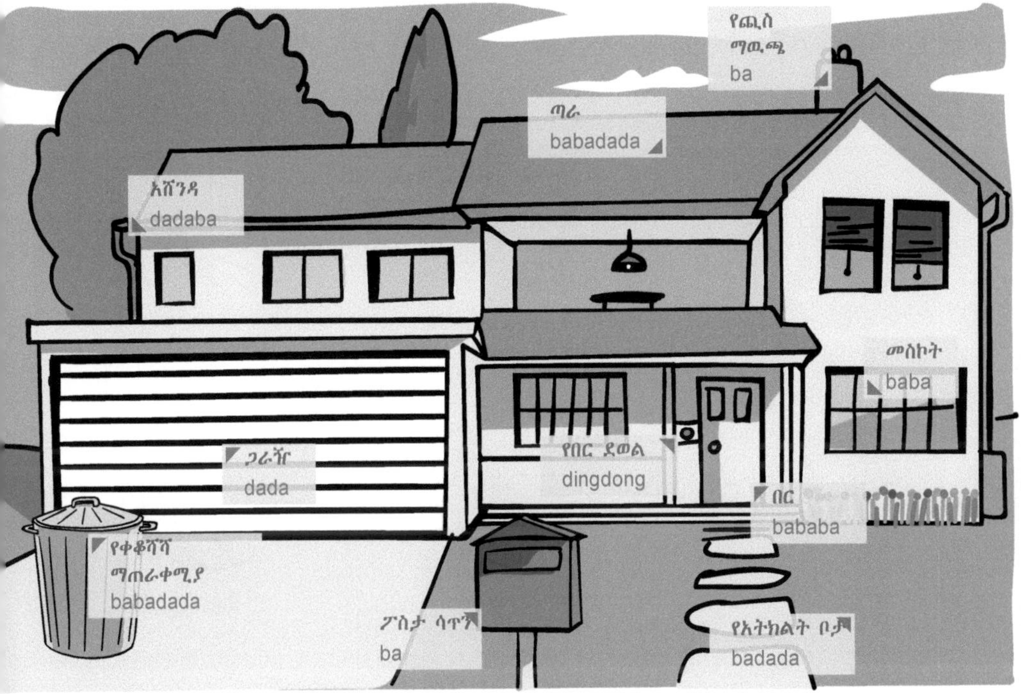

ሳሎን

dadadada

መታጠቢያ ቤት

bababa

ማድቤት

bababa

መኝታ ቤት

dadababa

የልጅ ክፍል

meina

መመገቢያ ክፍል

dadaba

ቤት - dadaba

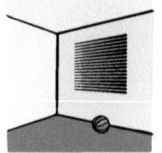

ወለል

badada

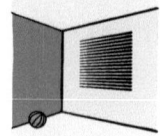

ግድግዳ

dadababa

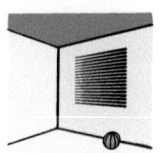

ጣሪያ

bababa

ምድር ቤት

dada

በእንፋሎት ሙቀት መታጠቢያ
ቤት

dadababa

ሰገነት

babababa

ከፍ ያለ መደብ

dadadada

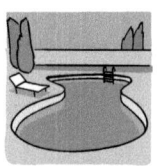

የመዋኛ ገንዳ

bababa

የማጨጃ መኪና

baba

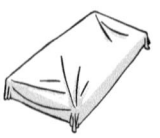

አንሶላ

dadaba

የአልጋ ልብስ

babadada

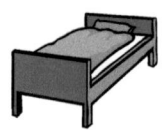

አልጋ

heia!

መጥረጊያ

dada

ባልዲ

dadaba

ማብሪያና ማጥፊያ

dadababa

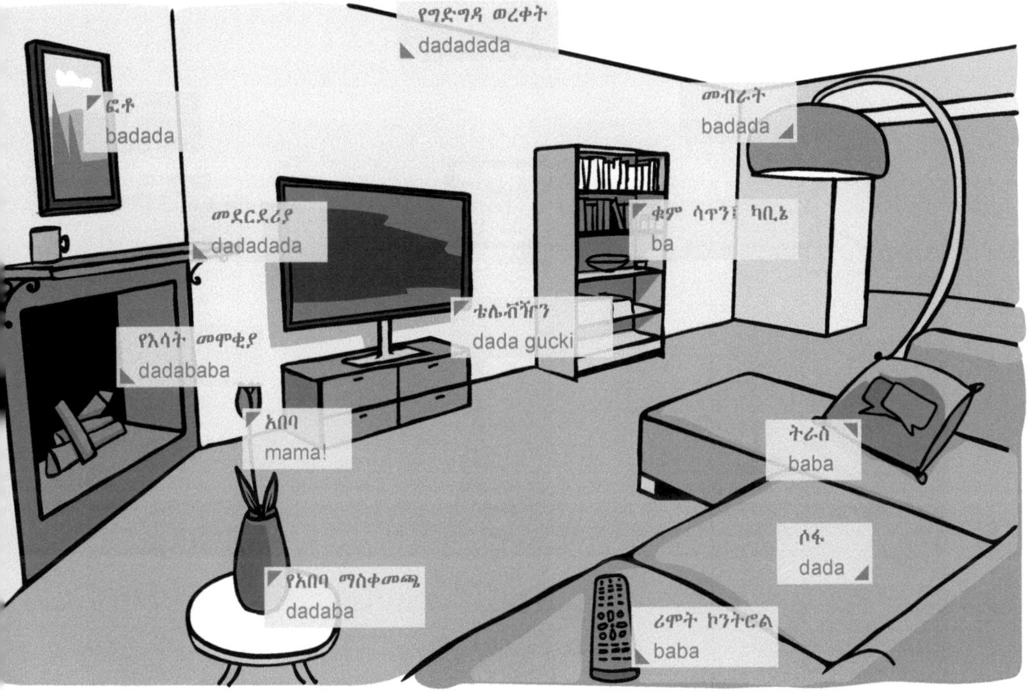

የግድግዳ ወረቀት
dadadada

ፎቶ
badada

መብራት
badada

መደርደሪያ
dadadada

ቁም ሳጥን፣ ካቢኔ
ba

የእሳት መሞቂያ
dadababa

ቴሌቪዥን
dada gucki

አበባ
mama!

ትራስ
baba

ሶፋ
dada

የአበባ ማስቀመጫ
dadaba

ሪሞት ኮንትሮል
baba

ንጣፍ
dada

መጋረጃ
bababa

ጠረጴዛ
ba

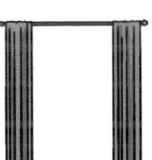

ወንበር
dadaba

ተወዛዋዥ ወንበር
dadadada

ባለመደገፊያ ወንበር
bababa

መጽሐፍ

dadaba

ብርድ ልብስ

dadadada

ጌጥ

dadaba

ማገዶ

ba

ፊልም

dadadada

የሙዚቃ መማጫወቻ

lala

ቁልፍ

babadada

ጋዜጣ

dadadada

ስዕል

dadadada

የተለጠፈ ማስታወቂያ እንደ ስዕል

bababa

ራዲዮ

lala

ማስታወሻ ደብተር

dadababa

የአየር ማፅጃ ለምንጣፍ

babadada

ቁልቋል

aua!

ሻማ

babadada

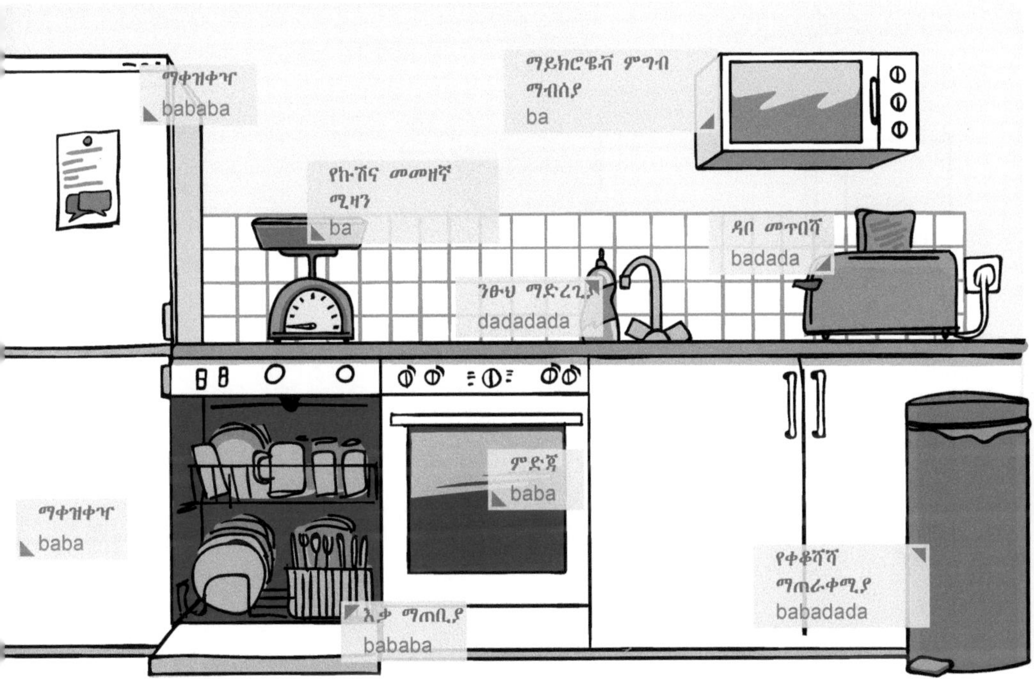

bababa

ማቀዝቀዣ
bababa
ማይክሮዌቭ ምግብ ማብሰያ
ba
የኩሽና መመዘኛ ሚዛን
ba
ዳቦ መጥበሻ
badada
ንፁህ ማድረጊ
dadadada
ምድጃ
baba
ማቀዝቀዣ
baba
የቆሻሻ ማጠራቀሚያ
babadada
እቃ ማጠቢያ
bababa

ምግብ አብሳይ
....
dada

ማሰሮ
....
dada

የብረት ማሰሮ
....
dada

ምግብ ማብሰያ ዝርግ ድስት
....
baba / dada

የምግብ መጥበሻ
....
badada

ማንቆርቆሪያ
....
ba

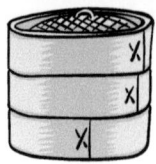

የእንፋሎት ማብሰያ

....

dadababa

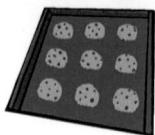

የመጋገሪያ ትሪ

....

bababa

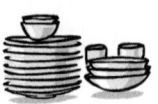

ሰብስቦች

....

dadaba

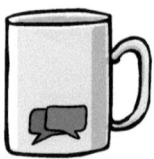

ትልቅ ኩባያ

....

dadadada

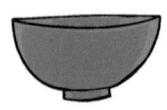

ጎድጓዳ ሳህን

....

dadaba

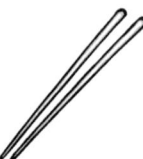

ቾፕስቲክስ

....

baba

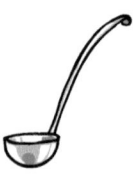

ጭልፋ

....

dadaba

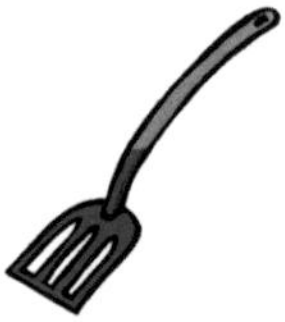

መሰቅሰቂያ ዝርግ ማንኪያ

....

dadadada

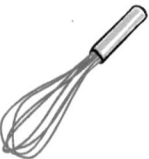

ማደባለቂያ

....

badada

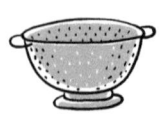

መወጠሪያ

....

dada

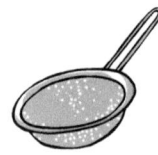

ወንፊት

....

bababa

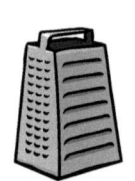

መፈርፈሪያ መሳሪያ

....

baba

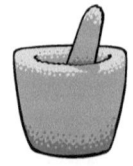

ሲሚንቶ

....

dadababa

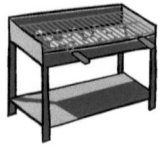

የፍም ጥብስ

....

dada

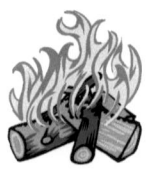

የተለቀቀ እሳት

....

aua!

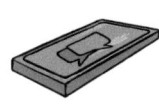

መክተፊያ

dadababa

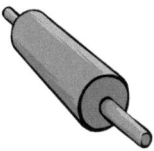

ተንሸራታች መርፌ

babababa

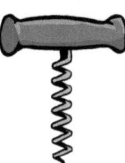

የጠርሙስ መክፈቻ

dadababa

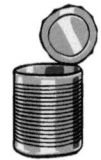

ጣሳ

dadadada

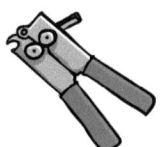

የጣሳ መክፈቻ

bababa

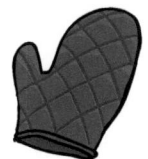

የማሰሮ መሸፈኛ

dadababa

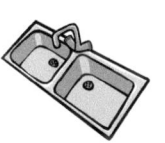

ሳህን ማጠቢያ

dadadada

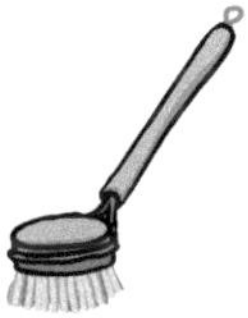

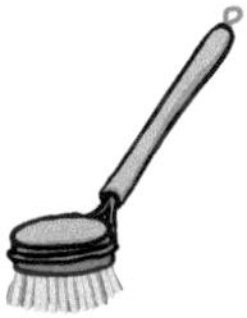

ብሩሽ

dadababa

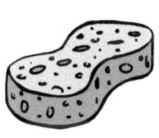

ስፖንጅ

ba

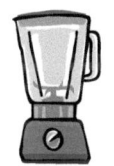

መደባለቂያ መሳሪያ

aua!

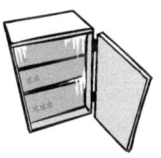

በጣም ማቀዝቀዣ

babadada

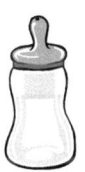

ጡጦ

bababa

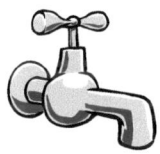

ቧንቧ

dadadada

መታጠቢያ ቤት

bababa

ማሞቂያ
babadada
መታጠቢያ
bababa
ፎጣ
ba
የመታጠቢያ ቤት መጋረጃ
babababa
የአረፋ መታጠቢያ
wasa
የመታጠቢያ ገንዳ
baba
ብርጭቆ
ba
የልብስ ማጠቢያ
baba
dadadada
ማዕዘን ወለል
badada
kaka
ሳህን ማጠቢያ
dadadada

ሽንት ቤት

....

kaka

የሽንት ቤት መቀመጫ

....

ba

ሳፋ

....

dadababa

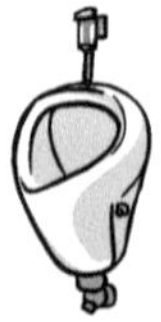

የመንገድ ዳር መሽኛ

....

dadababa

የሽንት ቤት ወረቀት

....

kaka

የሽንት ቤት ማፅጃ ብሩሽ

....

bababa

38 መታጠቢያ ቤት - bababa

የጥርስ ብሩሽ
....
bababa

የጥርስ ሳሙና
....
nom! nom!

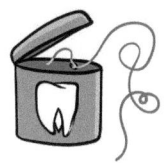

የጥርስ ማፅጃ ክር
....
dadadada

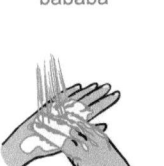

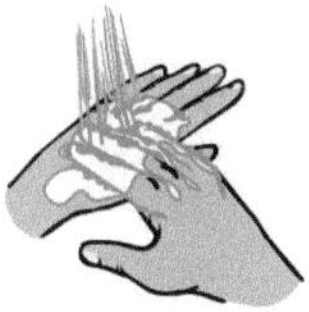

መታጠብ
....
bababa

የእጅ መታጠቢያ
....
babababa

መታጠቢያ
....
dadadada

ጎድጓዳ ሳህን
....
badada

የጀርባ ብሩሽ
....
dadadada

ሳሙና
....
nom! nom!

የመታጠቢያ የሚዝለገለግ ሳሙና
....
nom! nom!

የፀጉር መታጠቢያ ሳሙና
....
nom! nom!

ለስላሳ ጨርቅ
....
babadada

ፍሳሽ
....
dadaba

ክሬም
....
nom! nom!

ጠረን መቀየሪያ ንጥረ ነገር
....
babababa

መስታወት

dadadada

የእጅ መስታወት

dadadada

ምላጭ

ba

የመላጫ አረፋ

nom! nom!

ከመላጨት በኋላ የሚቀባ ሽቱ

nam! nam!

ማበጠሪያ

dadababa

ብሩሽ

baba

የፀጉር ማድረቂያ

dadadada

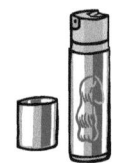

በፀጉር ላይ የሚነፋ

badada

የፊት መቀባቢያ

dadaba

የከንፈር ቀለም

mama!

የጥፍር ቀለም

ba

የጥጥ ሱፍ

bababa

ጥፍር መቁረጫ

dadadada

ሽቶ

bababa

መታጠቢያ ቤት - bababa

ማጠቢያ ባልዲ

....

dadadada

መቀመጫ

....

bababa

ሚዛን

....

dadadada

የመታጠቢያ ልብስ

....

ba

የላስቲክ ጓንት

....

babababa

ሞዴስ

....

ba

የፅዳት ፎጣ

....

bababa

የሽንት ቤት ኬሚካል

....

baba

የልጅ ክፍል

meina

የማንቂያ ደዉል ሰዐት
bababa
የህፃን አሻንጉሊት
bababa
የመጫወቻ
መኪና
auto
ማንገጫገጫ
መጫወቻ
dadadada
የአሻንጉሊት ቤት
bababa
ስጦታ
babababa

ፊኛ

dadadada

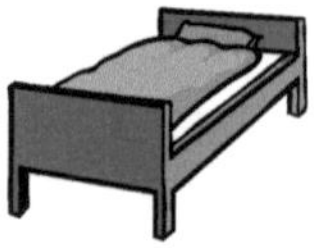

አልጋ

heia!

የህፃን ማንሸራሸሪያ ጋሪ

dadaba

የካርታ መጫወቻ

dadababa

ቁርጥራጭ ምስሎችን የማገጣጠም
እና ምስል የማግኘት ጨዋታ

bababa

አዝናኝ

dadababa

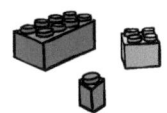

ተገጣጣሚ መጫወቻ

badada

የመጫወቻ መገጣጠሚያዎች

badada

የድርጊት ምስል

dada

የህፃን እድገት

dadadada

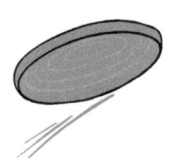

የፕላስቲክ መጫወቻ ዝርግ ሰሀን

dadaba

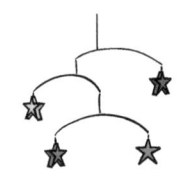

ተወዛዋዥ የህፃን ማጫወቻ

dadaba

የሰሌዳ ጨዋታ

ba

የመጫወቻ ጠጠር

baba

የመጫወቻ ባቡር

dadababa

የእንጀራ እናት ጡጦ

lula

ድግስ

baba

የስዕል መፅሀፍ

dadaba

ኳስ

dada

አሻንጉሊት

dada

መጫወት

badada

የአሸዋ መጫወቻ

dadaba

ዥዋዥዌ

babababa

መጫወቻዎች

dadababa

የቪዲዮ መጫወቻ

dadaba

ባለ ሶስት ጎማ ብስክሌት

babadada

የአሻንጉሊት ድብ

dadababa

ቁምሳጥን

dadaba

አልባሳት

baba

ካልሲዎች

dadadada

ስቶኪንጎች

ba

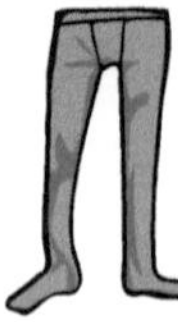

ታይት

dada

የአንገት ልብስ
bababa

ዣንጥላ
bababa

ክናቴራ
badada

ቀበቶ
dadababa

ቡቲ
baba

የቤት ዉስጥ ነጠላ ጫማ
baba

ስኒከሮች
ba

ነጠላ ጫማዎች
bababa

ጫማዎች
badada

የዝናብ ቡትስ
dada

ሙታንታ
ba

ጡት መያዣ
baba

ሰደርያ
dadadada

ሰዉነት

badada

ሱሪዎች

ba

ጅንስ

bababa

ጉርድ ቀሚስ

dada

ሸሚዝ

bababa

ሸሚዝ

dadadada

የሚጠለቅ ሹራብ

baba

ሹራብ

baba

ዩኒፎርም ጃኬት

babadada

ጃኬት

baba

ኮት

bababa

የዝናብ ኮት

dadababa

ልብስ

bababa

ቀሚስ

ba

የሙሽራ ቀሚስ

dadaba

ሱፍ
....
dadadada

የለሊት ልብስ
....
babababa

የለሊት ልብስ
....
heia

ረጅም ቀሚስ
....
baba

ሂጃብ
....
dadadada

ጥምጣም
....
dada

ቡርቃ
....
dada

ሸርጥ
....
baba

አባያ
....
dadadada

የዋና ልብስ
....
wasa

አጭር ቁምጣ
....
bababa

ቁምጣዎች
....
dadababa

የስራ ቱታ
....
babababa

ሸርጥ
....
baba

ጓንት
....
babababa

ቁልፍ

dadaba

መነፅር

babadada

አምባር

dada

የአንገት ሀብል

dadababa

ቀለበት

bababa

የጆሮ ጌጥ

dadababa

ኮፍያ

dada

የኮት መስቀያ

babadada

ኮፍያ

dadababa

ከረቫት

bababa

ዚፕ

badada

የብረት ቆብ

dadaba

መደገፊያ

dada

የትምህርት ቤት የደንብ ልብስ

babadada

የደንብ ልብስ

babababa

48 አልባሳት - baba

መሃረብ
....
namnam

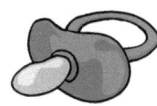

የእንጀራ እናት ጡጦ
....
lula

ሽንት ጨርቅ
....
kaka!

ቢሮ

baba

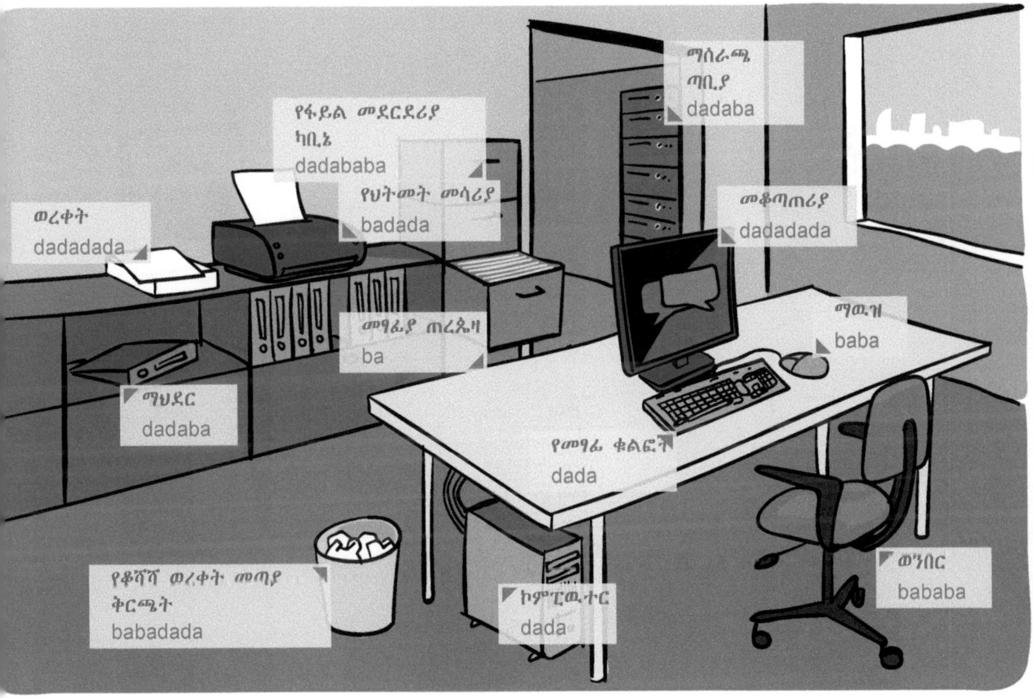

የፋይል መደርደሪያ ካቢኔ
dadababa

የህትመት መሳሪያ
badada

ማስራጪ ጣቢያ
dadaba

ወረቀት
dadadada

መቆጣጠሪያ
dadadada

መዓፊያ ጠረጴዛ
ba

ማዉዝ
baba

ማህደር
dadaba

የመዓፊ ቁልፍች
dada

የቆሻሻ ወረቀት መጣያ ቅርጫት
babadada

ኮምፒዉተር
dada

ወንበር
bababa

የቡና መጠጫ ትልቅ ኩባያ
....
dada

ማስልያ ማሽን
....
bababa

ኢንተርኔት
....
da da

ላፕቶፕ
....
papa!

ደብዳቤ
....
dadababa

መልዕክት
....
ba

ተንቀሳቃሽ ስልክ
....
fon

የግንኙነት አዉታር
....
bababa

ማባዣ ማሽን
....
ba

ሶፍትዌር
....
bababa

ስልክ
....
dada bing

የግድግዳ ሶኬት
....
aua!

የፋክስ ማሽን
....
bababa

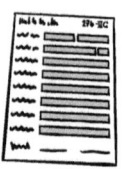

ቅፅ
....
dadaba

ሰነድ
....
bababa

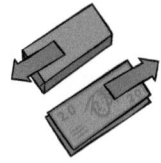

መግዛት

....

baba

መክፈል

....

dadadada

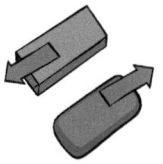

መነገድ

....

dadaba

ገንዘብ

....

badada

USD

ዶላር

....

babadada

EUR

ዩሮ

....

dadaba

JPY

የን

....

bababa

RUB

ሩብል

....

ba

CHF

የስዊዝ ፍራንክ

....

dada

CNY

ሬንሚንቢ ዩዋን

....

dada

ሩጲ

....

ba

የገንዘብ ነጥብ

....

ba

የዉጭ ገንዘብ ምንዛሪ ቢሮ

dadadada

ወርቅ

dadadada

ብር

baba

ዘይት

dadadada

ሀይል፤ ጉልበት

ba

ዋጋ

dadadada

ግንኙነት

baba

ቀረጥ

bababa

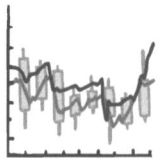

አክስዮን

dadadada

መስራት

dadaba

ተቀጣሪ

dadadada

ቀጣሪ

dadababa

ፋብሪካ

dadaba

ሱቅ

ba

ba

የፖሊስ አዛዥ
baba
የእሳት አደጋ ሰራተኛ
dada
ምግብ አብሳይ
babababa
ዶክተር
aua!
አብራሪ
bababa

አትክልተኛ

bababa

አናጢ

bababa

ልብስ ሰፊ ሴት

baba

ዳኛ

bababa

ቀማሚ

dadaba

ተዋናይ

dadababa

የአውቶቢስ ሹፌር

ba

የታክሲ ሹፌር

auto mann

አሳ አጥማጅ

bababa

ፅዳት ሰራተኛ

dadadada

የጣራ ሰራተኛ

dadadada

አስተናጋጅ

dadadada

አዳኝ

badada

ሰዓሊ

dadadada

ጋጋሪ

dadababa

የኤሌትሪክ ሰራተኛ

papa!

ገምቢ

bababababa

መሃንዲስ

bababa

ልኳንዳ

dadababa

የቧንቧ ሰራተኛ

dadadada

የፖስታ ሰራተኛ

bababa

ወታደር
....
dadadada

መሃንዲስ
....
ba

የሒሳብ ሰራተኛ
....
dadaba

አበባ ሻጭ
....
bababa

የፀጉር ሰራተኛ
....
babadada

ቲኬት ቆራጭ
....
bababa

መካኒክ
....
dadaba

ካፒቴን
....
dada

የጥርስ ሐኪም
....
badada

ተመራማሪ
....
ba

መምህር
....
bababa

የሙስሊም ሃይማኖታዊ መሪ
....
dadaba

መነኩሴ
....
dada

ካህን
....
dadadada

የስራ ሙያዎች - ba

መሳሪያዎች

dada

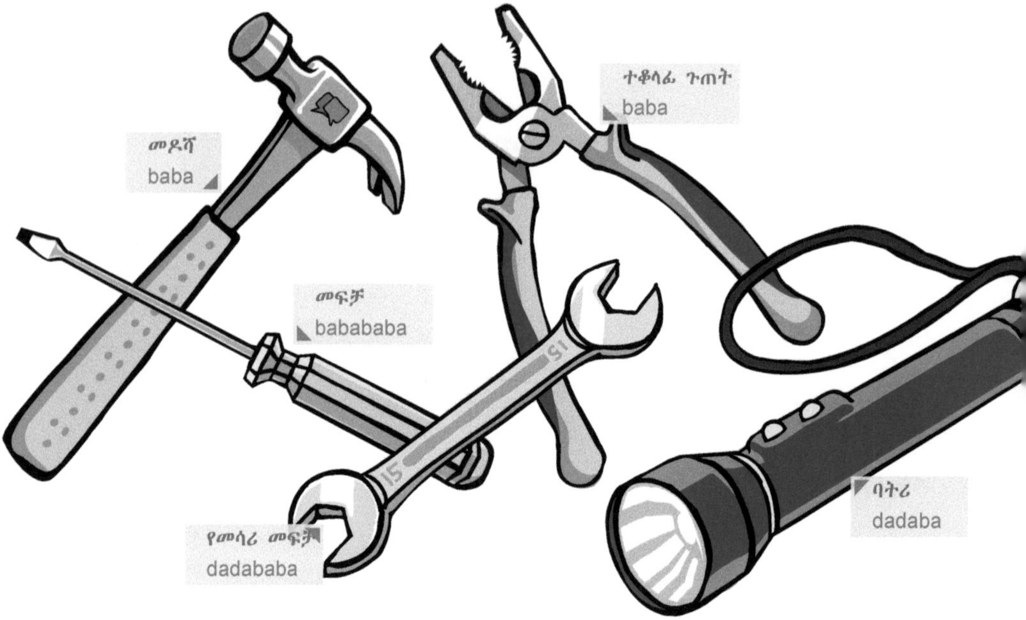

መዶሻ
baba
ተቆላፊ ጉጠት
baba
መፍቻ
babababa
የመሳሪ መፍቻ
dadababa
ባትሪ
dadaba

በቁፋሮ የሚዝቅ

dadaba

የመፍቻ ሳጥን

baba

መሰላል

babababa

መጋዝ

dadaba

ምስማር

babadada

መሰርሰሪያ

dada

56 መሳሪያዎች - dada

መጠገን
dadababa

አካፋ
dada

የተረገመ!
aua!

ቆሻሻ ማፈሻ
dada

የቀለም ቆርቆሮ
dadaba

ብሎን
babababa

የሙዚቃ መሳሪያዎች

bababa

የከበሮ መሳሪያዎች
bungas

የድምፅ ማጉ‌ያ መሳሪያ
boom boom

ክራር መሰል የሙዚቃ መሳሪያ
ba

የትንፋሽ ሙዚቃ መሳሪያ
bombede

ድርብ ቤዝ ጊታር
dadababa

ፒያኖ

bingbing

ቫዮሊን

bababa

ወፍራም፤ ጎርናና ድምፅ ያለዉ
ክራር መሰል ሙዚቃ መሳሪያ

ba

ነጋሪት

badada

ከበሮ

bunga bunga

በኤሌክትሪክ የሚሰራ ፒኖ

badada

የትንፋሽ ሙዚቃ መሳሪያ

dadababa

ዋሽንት

dadababa

የድምፅ ማጉያ

dadadada

የደር እንስሳት ማቆያ

bababa

ነብር
dada mau
መግቢያ
baba
ሳጥን
bababa
የሜዳ አህያ
dadababa
የእንስሳ ምግብ
babadada
ትልቅ ድብ
dada

እንስሳቶች

dadadada

ዝሆን

bababa

ካንጋሮ

dadaba

አዉራሪስ

babadada

ትልቅ ዝንጀሮ

dada

ድብ

babababa

ግመል

dadaba

ሰጎን

gackgack

አንበሳ

babadada

ጦጣ

dadaba

ቅልጥመ ረዥም ወፍ

gackgack

በቀቀን

bababa

የወዋልታ ድብ

bababa

የዋልታ ወፎች

dada

ረጅም ጥርሶች ያሉትአሳ ነባሪ

bababa

ጣዎስ

dadaba

እባብ

badada

አዞ

babababa

የዱር አራዊት የሚጠበቁበት
ማቆያን የሚጠብቅ

dadadada

አሳ በሊታ የባህር እንስሳ

dada

የዱር ድመት

bababa

ድንክ ፈረስ

ei!

ነብር

dadadada

ጉማሬ

dada

ቀጭኔ

babababa

ንስር

bababa

ከርከሮ

babadada

አሳ

nom nom!

የባህር ኤሊ

dadadada

የባህር አዉሬ

anje

ቀበሮ

dadadada

የሜዳ ፍየል፤ ሚዳቋ

bababa

የአሜሪካ እግርኳስ
dadababa

የብስክሌት ስፖርት
dadaba

ቴኒስ
bum bum

የቅርጫት ኳስ
ball

ዋና
badada

የቡጢ ስፖርት
aua!

የበረዶ ላይ የገና ጨዋታ
baba

እግር ኳስ
dadadada

የላባ ኳስ ጨዋታ
badada

አትሌቲክስ
dadababa

የእጅ ኳስ ስፖርት
ball

የበረዶ መንሸራተት ስፖርት
dadadada

ፈረስ ግልቢያ
baba

እንቅስቃሴዎች

dadadada

መፃፍ
....
dadaba

መሳል
....
dada

ማሳየት
....
dadababa

መግፋት
....
dada

መስጠት
....
badada

መዉሰድ
....
dadaba

ያዝ

dadaba

ማድረግ

dadadada

ሆን

babadada

ቆም

dadadada

ሮጥ

baba

ሳብ

dadababa

ወርወር

dadadada

ዉደቅ

dadaba

ዋሽት

badada

ጠበቅ

dadaba

ሸከም

bababa

ቀ ጥ

ba

ልበስ

dadababa

ተኛት

heia!

ንቃት

bababa

መመልከት
....
babababa

ማለልቀስ
....
baaaaaa

መጫር
....
dadadada

ማበጠር
....
bababa

ማዉራት
....
bababa

መረዳት
....
baba

ጥያቄ
....
badada

ማዳመጥ
....
dadababa

መጠጣት
....
bababa

መብላት
....
nomnom!

ማንፃት
....
badada

ማፍቀር
....
ba

ምግብ ማብሰል
....
badada

መንዳት
....
dadababa

መብረር
....
dadadada

መርከብ መንዳት

dadababa

ቁጥሮችን ማስላት

dadababa

ማንበብ

dadadada

መማር

dadababa

መስራት

dadaba

ማግባት

baba

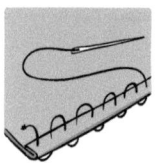

መስፋት

dada

ጥርስ መቦረሽ

aua!

መግደል

aua!

ማጨስ

dadababa

መላክ

babababa

ቤተሰብ

dadababa

የሴት አያት
oma!
የወንድ አያት
opa!
አባት
papa!
እናት
mama!
ህፃን
bebi
ሴት ልጅ
ba
ወንድ ልጅ
badada

እንግዳ

baba

አክስት

ba

አጎት

bababa

ወንድም

nein!

እህት

nein!

አካል

dadababa

ግንባር
bababa
አይን
dada
bababa
ጣት
dada
ፊት
dada
አገጭ
dadababa
እጅ
baba
እግር
dadaba
ጡት
da
ክንድ
bababa

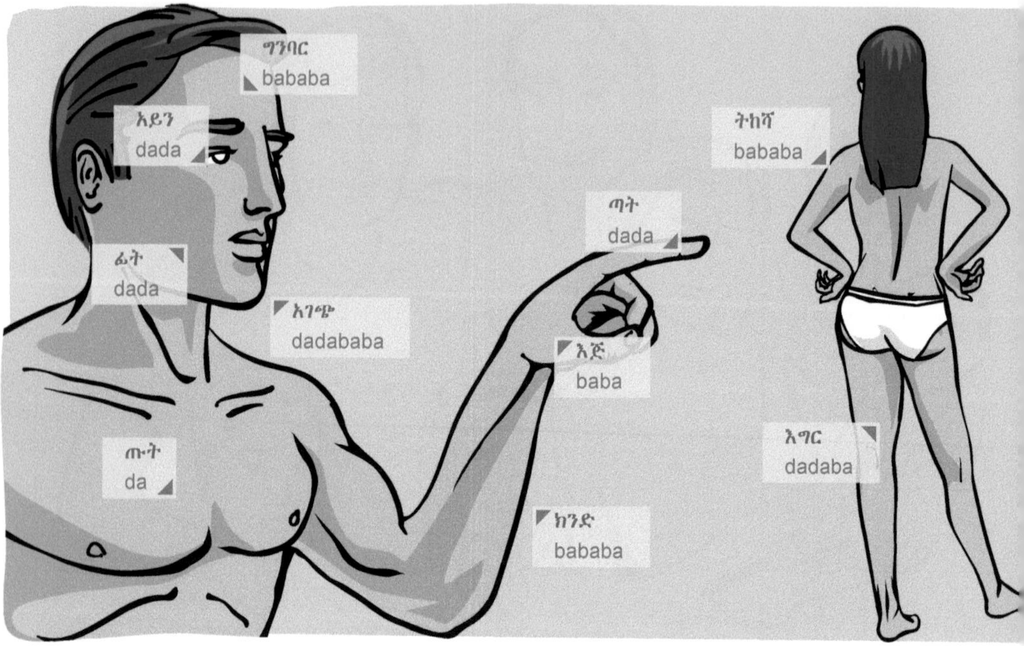

ህፃን

bebi

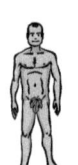

ሰዉ

papa!

ሴት

mama

ልጃገረድ

baba

ወንድ ልጅ

babadada

ራስ

bababa

68 አካል - dadababa

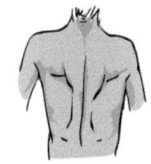

ጀርባ

baba

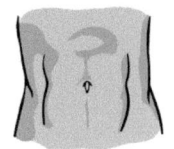

ሆድ

dadababa

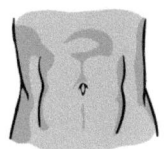

እምብርት

dada

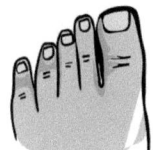

የእግር ጣት

dadababa

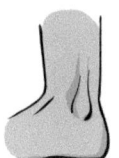

ተረከዝ

ba

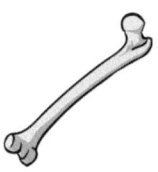

አጥንት

badada

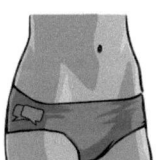

ዳሌ

bababa

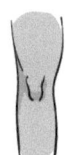

ጉልበት

dada

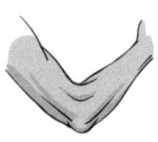

ክርን

dadadada

አፍንጫ

bababa

ቂጥ

popo

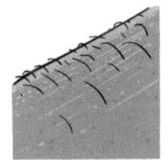

ቆዳ

dadaba

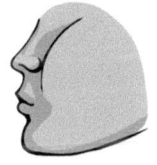

ጉንጭ

badada

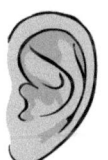

ጆሮ

dada

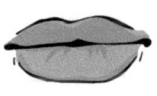

ከንፈር

babababa

አፍ

....

dadababa

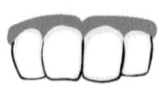

ጥርስ

....

dadadada

ምላስ

....

baba

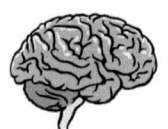

አንጎል

....

dadadada

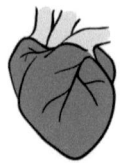

ልብ

....

baba

ጡንቻ

....

dada

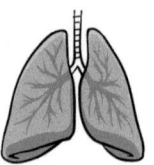

ሳምባ

....

dada

ጉበት

....

dada

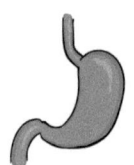

ሆድ

....

dadababa

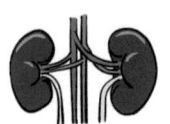

ኩላሊቶች

....

dadaba

የግብረስጋ ግንኙነት

....

babadada

ኮንዶም

....

dada

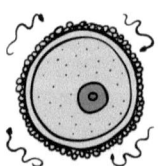

የሴት እንቁላል

....

badada

የዘር ፈሳሻ

....

dadababa

እርግዝና

....

dadababa

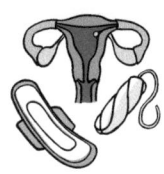

የወር አበባ
....
ba

እምስ
....
mumu

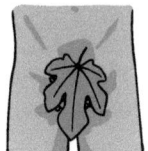

ቁላ
....
pipi

ቅንድብ
....
dada

ፀጉር
....
dadababa

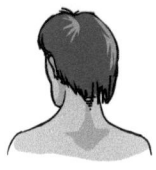

አንገት
....
bababa

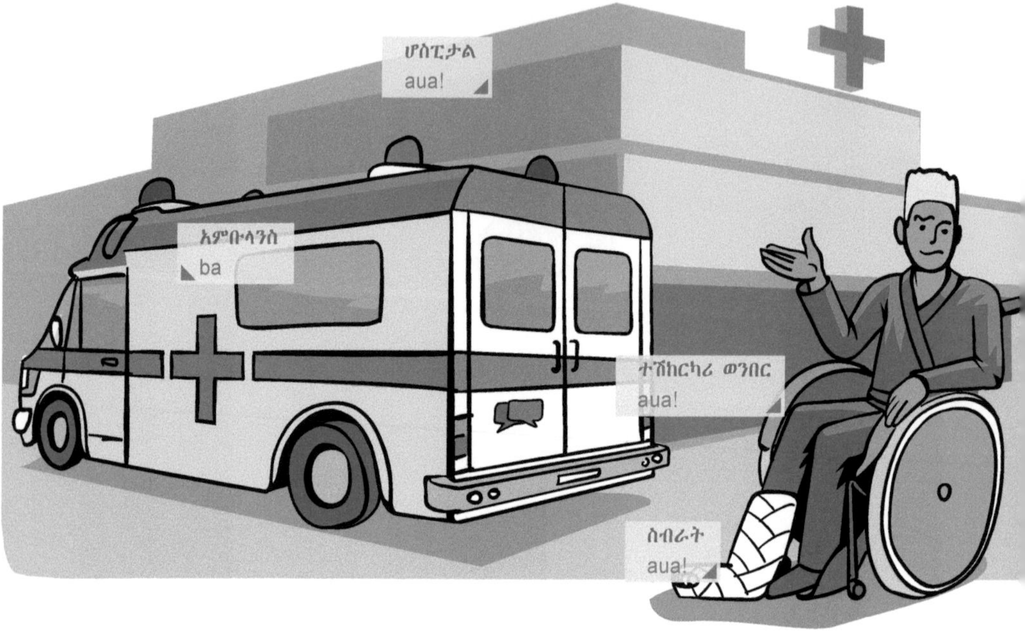

ሆስፒታል
aua!

አምቡላንስ
ba

ተሽከርካሪ ወንበር
aua!

ስብራት
aua!

ዶክተር

aua!

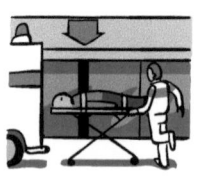

ድንገተኛ ክፍል

aua!

ነርስ

aua!

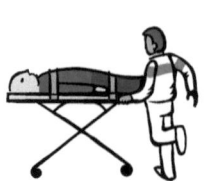

ድንገተኛ

aua!

ራስን መሳት/ አለማወቅ

aua!

ህመም

dadababa

ጉዳት
....
aua!

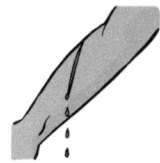

መድማት
....
dadadada

የልብ ድካም
....
aua!

ስትሮክ
....
aua!

አለርጂ
....
dadababa

ሳል
....
aua!

ትኩሳት
....
aua!

ኢንፍሎዌንዛ
....
aua!

ተቅማጥ
....
aua!

የራስ ምታት
....
aua!

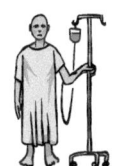

ካንሰር
....
aua!

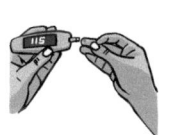

የስኳር በሽታ
....
aua!

ቀዶ ጠጋኝ ሐኪም
....
aua!

የቀዶ ጥገና ስለት
....
aua!

ቀዶ ጥገና
....
aua!

ሲቲ

aua!

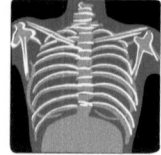

ኤክስሬዩ

aua!

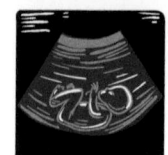

አልትራሳዉንድ

aua!

የፊት ጭምብል

aua!

በሽታ

aua!

መጠበቂያ ክፍል

aua!

ምርኩዝ

aua!

የቁስል ማሸጊያ

aua!

ፋሻ

dadababa

መርፌ

aua!

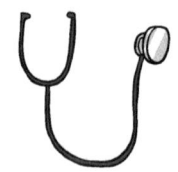

የልብ ምት ማዳመጫ መሳሪያ

aua!

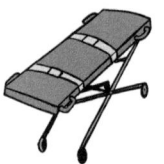

የበሽተኛ አልጋ

aua!

የህክምና ሙቀት መለኪያ መሳሪያ

aua!

መውለድ

aua! bebi!

ክልክ ያለፈ ክብደት

aua!

ለመስማት የሚረዳ መሳሪያ

aua!

ፀረ ተባይ መድሀኒት

aua!

ማመርቀዝ

aua!

ቫይረስ

aua!

ኤች አይቪ ኤድስ

aua!

ህክምና

aua!

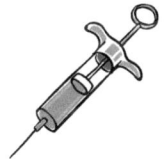

ክትባት

aua!

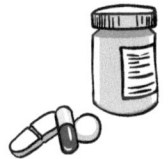

ኪኒን

aua!

ኪኒን

dadaba

አስቸኳይ የስልክ ጥሪ

aua!

ደም ግፊት መቆጣጠሪያ

aua!

ህመም/ ጤንነት

da / ba

ድንገተኛ

aua!

እርዳታ!

aua!

ማንቂያ ደዉል

aua!

ጥቃት

aua!

ድብደባ

aua!

አደጋ

aua!

የድንገተኛ መዉጫ

dadadada

እሳት!

dadaba

እሳት ማጥፊያ

dadaba

አደጋ

aua! aua!

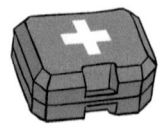

የመጀመሪያ እርዳታ መድሃኒት መያዣ

aua!

ነፍስ አድን

baba

ፖሊስ

dadadada

አዉሮፓ

....

badada

ሰሜን አሜሪካ

....

dadaba

ደቡብ አሜሪካ

....

dadababa

አፍሪካ

....

dadaba

እስያ

....

dadaba

አዉስትራሊያ

....

babababa

አትላንቲክ

....

badada

ፓስፊክ

....

dadaba

የህንድ ዉቅያኖስ

....

baba

አንታርክቲክ ዉቅያኖስ

....

bababa

አርክቲክ ዉቅያኖስ

....

dadababa

ሰሜን ዋልታ

....

bababa

ደቡብ ዋልታ

dadababa

አንታርክቲካ

dadaba

ምድር

dada

መሬት

dadaba

ባህር

badada

ደሴት

dadadada

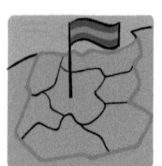

አገርና ህዝብ

dadadada

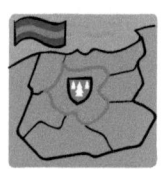

መንግስት

dadababa

ሰዓት
dada

የሰዓት ገፅታ

....

baba

ሰዓት

....

babadada

ደቂቃ

....

baba

ሴኮንድ

....

bababa

ስንት ሰዓት ነው?

....

dadababa

ቀን

....

babadada

ጊዜ

....

dada

አሁን

....

baba

የቁጥር ሰዐት

....

dadababa

ደቂቃ

....

dadababa

ሰዓታት

....

bababa

babadada

ሰኞ		ረቡዕ		ዓርብ	
meh	MO	W	baba	FR	babadada
	TU	TH		SA	
		ቅዳሜ			SO
ማክሰኞ		dadababa			
baba		ሐሙስ		እሁድ	
		badada		dadaba	

TUE / MON / 2 / 1 ×
ትላንት
dadadada

TUE / 2 ×
ዛሬ
dadababa

TUE / 3 ×
ነገ
dadaba

ማለዳ
baba

ቀትር
baba

ምሽት
dadadada

MO	TU	WE	TH	FR	SA	SU
1	2	3	4	5	6	7
8	9	10	11	12	13	14
15	16	17	18	19	20	21
22	23	24	25	26	27	28
29	30	31	1	2	3	4

የስራ ቀናት
dada

MO	TU	WE	TH	FR	SA	SU
1	2	3	4	5	6	7
8	9	10	11	12	13	14
15	16	17	18	19	20	21
22	23	24	25	26	27	28
29	30	31	1	2	3	4

የዕረፍት ቀናት
baba

dadaba

ዝናብ
dadababa
ቀስተ ዳመና
dadaba
ጥጥ የሚመስል አመዳይ
በረዶ
kalt
ፀደይ
dadadada
በጋ
badada
መኸር
bababa
ክረምት
kalt

የአየር ሁኔታ ትንበያ

....

dadababa

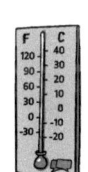

የሙቀት መለኪያ

....

bababa

የፀሀይ ሙቀት

....

ba

ደመና

....

baba

ጭጋግ

....

dadadada

እርጥበታማነት

....

dada

መብረቅ

dadababa

ነጎድጓድ

dada

አዉሎ ንፋስ

badada

የበረዶ ዝናብ

dadababa

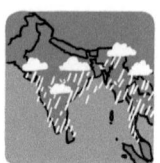

አዉሎ ንፋስ

bababa

ጎርፍ

dadaba

በረዶ

dadadada

ጥር

dadaba

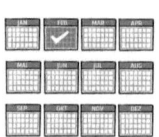

የካቲት

dadaba

መጋቢት

bababa

ሚያዚያ

dadadada

ግንቦት

dadadada

ሰኔ

babababa

ሐምሌ

baba

ነሀሴ

bababa

መስከረም

dadadada

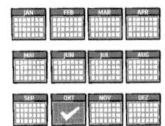

ጥቅምት

badada

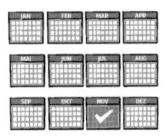

ህዳር

dadababa

ታህሳስ

baba

ቅርፆች

dadababa

ክብ

baba

አራት ማዕዘን

badada

አራት ቀጥተኛ ማዕዘኖች ጎኖች ያሉት ቅርፅ

dadababa

ሶስት ማዕዘን

babababa

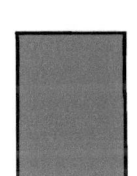

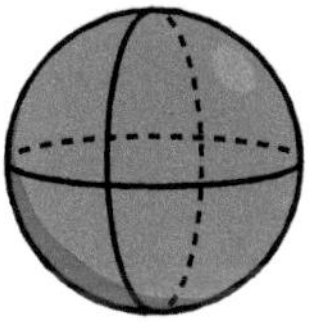

ሉል

dadadada

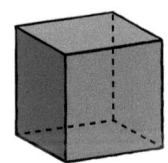

ስድስት ጎን ያለዉ ቅርፅ

babababa

ነጭ

dadababa

ብጫ

babababa

ብርቱካናማ

baba

ሮዝ

dadadada

ቀይ

babadada

ወይን ጠጅ

dadababa

ሰማያዊ

dadadada

አረንጓዴ

ba

ቡኒ

baba

ግራጫ

bababa

ጥቁር

badada

ተቃራኒዎች

dadadada

ብዙ/ ጥቂት

....

da / ba

ንዴት/ እርጋታ

....

da / ba

ቆንጆ/ አስቀያሚ

....

da / ba

ጅማሬ/ ፍፃሜ

....

da / ba

ትልቅ/ ትንሽ

....

da / ba

ደማቅ/ ደብዛዛ

....

da / ba

ወንድም/ እህት

....

da / ba

ንፁህ/ ቆሻሻ

....

da / ba

የተሟላ/ ያልተሟላ

....

da / bada

ቀን/ ምሽት

....

da / ba

የሞተ/ ህያዉ

....

da / ba

ሰፊ/ ጠባብ

....

da / ba

የሚበላ/ የማይበላ

....

da / ba

ክፉ/ ደግ

....

da / ba

ደስተኛ/ ድብርተኛ

....

ba / ba

ወፍራም/ ቀጭን

....

da / ba

መጀመርያ/ መጨረሻ

....

ba / ba

ጓደኛ/ ጠላት

....

da / bada

ሙሉ/ ጎዶሎ

....

da / ba

ጠንካራ/ ለስላሳ

....

da / ba

ከባድ/ ቀላል

....

da / ba

ረሃብ/ ጥማት

....

da / bada

ህመም/ ጤንነት

....

da / ba

ህገወጥ/ ህጋዊ

....

da / ba

ጎበዝ/ ደደብ

....

da / ba

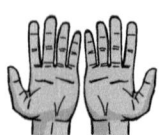

ግራ/ ቀኝ

....

ba / ba

ቅርብ/ ሩቅ

....

da / ba

አዲስ/ አሮጌ

....

da / bada

ምንም/ የሆነ ነገር

....

da / ba

ሽማግሌ/ ወጣት

....

ba / ba

የበራ/ የጠፋ

....

da / ba

ክፍት/ ዝግ

....

da / ba

ፀጥታ/ ጫጫታ

....

da / ba

ሃብታም/ ደሃ

....

ba / ba

ትክክለኛ/ የተሳሳተ

....

da / ba

ሻካራ/ ለስላሳ

....

da / ba

ሐዘን/ ደስታ

....

ba / ba

አጭር/ ረዥም

....

da / ba

ዝግተኛ/ ፈጣን

....

da / ba

እርጥብ/ ደረቅ

....

da / bada

ሞቃት/ ቀዝቃዛ

....

da / bada

ጦርነት/ ሰላም

....

da / ba

ቁጥሮች

dadaba

0

ዜሮ

dada

1

አንድ

a

2

ሁለት

ba

3

ሶስት

da ba da

4

አራት

badabada

5

አምስት

dadababa

6

ስድስት

dadaba

7

ሰባት

badada

8

ስምንት

dadababa

9

ዘጠኝ

dadaba

10

አስር

dadadada

11

አስራ አንድ

badada

12

አስራ ሁለት

....

baba

13

አስራ ሶስት

....

bababa

14

አስራ አራት

....

baba

15

አስራ አምስት

....

babadada

16

አስራ ስድስት

....

dadababa

17

አስራ ሰባት

....

babababa

18

አስራ ስስምንት

....

dadababa

19

አስራ ዘጠኝ

....

bababa

20

ሃያ

....

dadababa

100

መቶ

....

baba

1.000

ሺህ

....

baba

1.000.000

ሚሊዮን

....

dadababa

ቋንቋዎች

dadadada

እንግሊዝኛ

baba

የአሜሪካ እንግሊዝኛ

babadada

የቻይና ማንዳሪን

dadababa

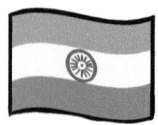

ሂንዱ

ba

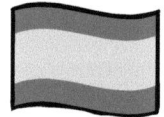

ስፓኒሽ

badada

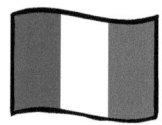

ፍሬንች

ohlala

አረብኛ

babadada

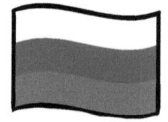

ራሺያኛ

dadaba

ፖርቱጊዝ

dada

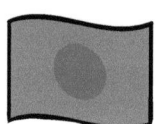

ቤንጋሊ

dadadada

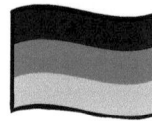

ጀርመን

badada

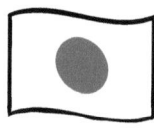

ጃፓንኛ

dadadada

ማን/ ምን/ እንዴት
da / da / da

እኔ

....

a

አንተ

....

dadadada

እሱ/ እርሷ/ እቃዉ

....

da / da / da

እኛ

....

o ba ma

አንተ

....

babababa

እነርሱ

....

baba

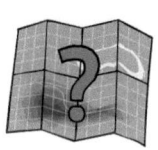

ማን?

....

dadadada

ምን?

....

dadadada

እንዴት?

....

baba

የት?

....

babababa

መቼ?

....

babadada

ስም

....

dadaba

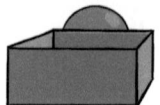

babababa

በስተጀርባ

baba

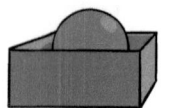

ዉስጥ

dadaba

ከፊት ለፊት

baba

ከላይ

ba

ላይ

baba

ከስር

dadababa

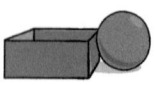

አጠገብ

babababa

መሃከል

ba

ቦታ

dada